La esencia de un espíritu guerrero

Guía de la oscuridad y la luz, el espíritu guerrero se conoce sin conocerse, es quien nunca duerme, nunca sueña porque está despierto, vive forjando el corazón del ser humano para que este recuerde su esencia y nunca se separe del presente.

AGRADECIMIENTOS

Quiero dar las **gracias** a todas las personas que a lo largo del camino me han apoyado incondicionalmente y me han inspirado a escribir este libro y a ser alguien mejor cada dia.

Especialmente **gracias** a **Lara Domingo Aliaga**, Y a su familia,por estar a mi lado y por todo el amor, apoyo, alegría y entusiasmo que me brinda,es una celebración poder disfrutar de su compañía cada día. Es una persona

verdaderamente inspiradora.
Luisa Maria Claro Días,Olimpio Bruna Blanco,Olimpio Bruna Dias,Cleopatra Dias. A mi familia y a todos mis amigos de Zaragoza,España. A mi familia y a todos mis amigos de Arrentela,Seixal Portugal. A los Red Eyes y la asociación Akaphaz en Arrentela,Seixal,Portugal. A todas las personas del instituto José Afonso, Cavaquiñas,Seixal,Portugal)Vilson Madre Deus, y su familia. Paulo Silva,(y su familia) Ovanis MC, y su familia. Joana dos santos, Y su familia, Casimiro.A todas las personas del Grupo de Teatro de PaioPires,Fogoteiro,Seixal,Portugal. Angela Alves,Fabiola Lopez,Fredi, Juan Pedro Ramirez Medina,y su familia. Ricardo Vega Macua,y su familia. Laura Malaguita, Y su

familia. A mis amigos de Zion. Carola granda, y su familia. Gretel Martin Araya, Jaime González,y su familia. Carmen Allendez, Lucia allendez,Esther Ortells,Aitor Pereira, y su familia. Rosi,Jose,Pablo, a todos mis compis de aikido de Valencia, Benifaió y Vitoria, Josefina mars y Miguel Mars de cleobis,Carlos,Raúl, (A todas las personas del grupo de crecimiento personal de Quart de poblet, A todas las personas de la asociación de amigos de la calle, A mis compis de Ciudad Fantasía. A todos mis amigos de Valencia Liesellotte Smars,y su familia. A todos mis amigos de Vitoria. Noemi Sanchez, Y su familia. Iván García, Jordi Alepuz, Jose Ismael, Carlos Molina, José Hergueta,Nacho Biosca, A mis compis de TyE y Faurecia. A Nilo y a Misi. Amaya, Estela y

Daniel mis compis de piso y Nacho. Samuka. A todos mis amigos del Espai de Circ Gabriele Hennicke,Hector,Kyveli Cibeles, A todos mis amigos del acro yoga y Malabares de los Domingos en el turia. A todos mis amigos de Innsbruck,Austria. A las hermanas de la escuela taller "Que viene el lobo" Al café Bombó, A las trabajadoras de Cocemfe)
A parte de las mencionadas,seguramente hay muchas más... todas ellas espíritus guerreros.

La mente

Ante la imposibilidad de satisfacer los deseos más profundos vives sumergida, totalmente envuelta en una hecatombe de sentimientos oscuros que tergiversan la comunicación, no hay sentido a tan desastrosa situación, que por más que lo intentes al no encarar los miedos, estos mismos te devorarán y te convertirán en una presa fácil del resentimiento ante la rabia y el dolor de los propios actos inconscientes. Nadie por más que se esfuerce en cambiar desde fuera lo que hay que cambiar dentro, se verá incapaz de hallar paz alguna en este mundo, incapaz de ver un atisbo de sentido de la realidad cambiante que en cada momento lo aborda.

La mente es un vacío y nada hay dentro de ella.

El Tao Te Ching nos dice que todo aquello que atrape la mente es ilusorio, todo concepto es una ilusión, una interpretación de la realidad, una necesidad, un apego, un miedo a lo desconocido que nos impide entrar en otra dimensión de nosotros mismos y del mundo que nos rodea. Terminamos viviendo una contradicción por nuestra propia naturaleza que nos impulsa hacia la unión con el ser. Nuestra mente enferma está en todo momento separándose de todo, etiquetando todo, impidiendo ver el gran misterio... lo real. Cuando hablas con una persona con la que has compartido grandes momentos de tu vida, a la que admiras y quieres profundamente, que aunque pasen meses, años sin verla ni hablar con ella, esa persona sigue grabada a fuego en tu corazón, de repente un día vuestros caminos se vuelven a cruzar... y parece que nunca hubiera pasado el tiempo, te da la sensación de que nunca habéis estado separados físicamente, todo es como la primera vez que os conocisteis y sentisteis al miraros a los ojos que ya os conocéis. Eso es real... y a eso lo llamo un vínculo. Pero seguimos cayendo en la falsa percepción de que existe un espacio y un tiempo y peor aún que estos mismos tienen un límite. Seguimos apegados a nuestros sentidos más primitivos,sin querer darnos cuenta que hemos evolucionado. La mente ha de estar vacía de todo pensamiento limitador, la mente es más bien un canal por donde tiene que pasar un agua limpia y cristalina en la cual nos podamos ver reflejados. Que aquel que nos mire pueda verse reflejado a sí mismo, envuelto en un gran vacío. La mente no es una caja de herramientas, ni un trastero ni un contenedor de basura donde acumulamos cosas que no sirven. La mente es un espacio creativo que está conectado al universo, donde cada pensamiento nace y muere al momento, o coge forma como idea y se materializa o desaparece dejando espacio a otro pensamiento creativo. Por eso hay que estar constantemente cultivando, nutriéndose con una buena disciplina para limpiarla de todo pensamiento limitador. Es nuestro templo sagrado. La mente nos dará de comer siempre, si la trabajamos, si la utilizamos, para lo que fue realmente creada, no necesitamos nada más que nuestra mente. Si comprendes cómo funciona la mente conocerás los secretos del vasto universo, pues no son diferentes.

Cuando vives una experiencia lo único que haces es vivirla

desde tu centro, desde
tus valores,sabiendo
que todo es ilusorio,
viviendo y enfrentando
los hechos sin juzgarlos,
aceptando el
momento, si tiene
solución perfecto si no
tiene solución perfecto
también. Actuar sin
reaccionar, no se
puede forzar nada, se
cambia o no se cambia,
no se puede "querer"
caminar, se camina o
no se camina. Actuar
sin reaccionar.
Mi sensei de kenjutsu
cuando lo agregue al
whatsapp tenía una
frase que decía:
"Pienso luego estorbo".
Me pareció una frase
graciosa, pero al
entrenar con él me di
cuenta del poder de
esa frase y como él la
aplicaba en su vida,
cómo nos hacía sentir
esa frase cuando
nuestros cuerpos caían
por el vacío de su
mente chocando contra
el duro tatami,
perplejos sin saber
cómo había sucedido.

La mente vive de
"cómos" y el cómo no
se puede entender, el
cómo está en la acción;
Por eso cada día
repetimos los mismos
movimientos aunque
parezcan iguales. Cada
movimiento que nace y
muere es único y
diferente a todos los
demás, porque lo
respalda una decisión
consciente y
determinante que lo
lleva a la acción. La
decisión de ser.
En todo momento
consciente o
inconscientemente
tomamos decisiones
para todo. No se trata
de pensar en hacer
esto o aquello, sino en
ser. A eso le llamo
libertad, la primera
decisión es la de ser y
para ser hay que
escuchar y justo ahí en
ese punto empieza el
verdadero camino. Una
vez ahí, todo lo demás
se define por sí solo.
Enseñar sin palabras es
en realidad ser el
propio ejemplo, no

reaccionar es en
realidad confiar en la
vida y dejar que la
naturaleza haga su
trabajo, no intervenir
en el proceso, no
interrumpir el ritmo
natural de las cosas.
No haces nada y nada
se queda por hacer.
Confiar en que todo
tiene un orden, no hay
ningún hilo que esté
suelto. Si las cosas no
salen como nosotros
queremos o soñamos
es sencillamente
porque interrumpimos
el proceso, no somos
capaces de ver y de
confiar en el proceso,
solo vemos las
apariencias, las
formas... y no vemos el
contenido, el mensaje
que flota en las la
partículas de aire, no
vemos la puerta que se
abre, la oportunidad
que se nos presenta.
La mejor manera de
ver, es ser aquello que
quieres. Es una actitud
mental. Una forma de
vida que proyecta, crea
el espacio y atrae más

de lo mismo. Todos
buscamos cosas
externas para algún día
convertirnos en aquello
que soñamos ser. En
vez de ser y atraer
todas esas cosas con las
que soñamos. El
«cómo» siempre será
un misterio, pero
irónicamente el secreto
para ver cómo suceden
las cosas está en no
intervenir.
Observa la naturaleza
no pide a nadie
permiso para ser, "es".
Eso la lleva a fluir
constantemente, a que
todos la admiramos y
nos sintamos parte de
ella por lo que es.
Cuando escuchas de
verdad, con el corazón,
te das cuenta que estás
unido, conectado a
todo, por eso cada
decisión repercute a tu
alrededor, cada
decisión que tomamos
define y refuerza
nuestra identidad. En
cada decisión que
tomamos descubrimos
una parte nueva de
nosotros mismos

Un espíritu guerrero

De todas las historias
de un espíritu guerrero
la mejor de ellas
siempre será la que
esté ocurriendo ahora,
pues no olvides que
todos hacemos parte
de una historia, nuestra
historia personal, que
no es más que el fluir
del universo en una
dirección. Por esa
misma razón, un
espíritu guerrero debe
escuchar su corazón y
dejarse llevar por las
señales, sin especular
con buenas o malas
consecuencias. Un
espíritu guerrero está
por encima de los

placeres y los
infortunios. Solo
obedece a su corazón.

•

Sigues viviendo bajo el
mismo sol que te vio
nacer y cumplir tu
destino, hoy el viento
cambia de dirección y
te susurra al oído un
poema, una llamada y
tú la escuchas inmóvil,
desde tu centro,
despojado de todo lo
mundano. Los espíritus
del cielo tienen otra
misión para ti. Un
espíritu guerrero no se
deja complacer por los
sentidos, ni avasallar
por las prisas, ama la
quietud por encima de
todas las cosas. En un
mundo efímero y
pasajero en el que
todos más tarde o más
temprano volveremos a
nuestras raíces
conviene cerrar ciclos.
Hay que seguir. Nuestra
misión es eterna, no se
haya en un fin, es el fin
en sí mismo. Hay que
seguir, mientras

respiremos, nuestra misión aún no ha terminado.

•

No pretende cambiar nada y por eso lo cambia todo. El que sabe esto es como las estaciones de primavera, verano, otoño e invierno, solo sigue su propia naturaleza. Muere y nace en cada instante... porque es vida y no permite que nada le separe de eso.

•

Debes poder abrazar todos los sonidos de tu alma, que es el alma del universo y construir un silencio verdadero.

•

Espero que el aire que respiras tenga un sentido para ti y si lo tiene... no dudes en transmitir tu pasión.

•

Si un espíritu guerrero
busca la paz fuera de sí
mismo, buscando
siempre la tranquilidad
y la comodidad del
ambiente, sus
enemigos lo buscarán
incansablemente para
que cumpla con su
deber y se enfrente a la
adversidad para que
reconozca que no
necesita paz externa.
Porque el espíritu
guerrero es un
instrumento de paz.

•

En la oscuridad de la
batalla apenas consigo
vislumbrar la luz del
alba que amenaza con
desvelar la verdadera
libertad. Oigo pasos
acercándose, es mejor
que me concentre pues
el enemigo a veces es
uno mismo, los
pensamientos
negativos nublan la
visión, los juicios, la
prisa nos hace
tropezar, la vanidad y el
egoísmo nos desvían
del camino y a veces el

peligro no avisa y lo
único que nos salva es
nuestra calidad del
presente.

•

Un espíritu guerrero no
se define por su nivel
técnico, ni por su
fuerza o destreza en la
batalla, ni siquiera por
sus armas. Se define
por su actitud, por su
Valentía a la hora de ir
tras su propia leyenda
personal, por su lealtad
y su amor incondicional
hacia todo ser vivo. Por
su sonrisa y su
capacidad de seguir
amando tras cada
decepción. Por su
amistad eterna. Por el
ejemplo que da con sus
acciones. Por su
humildad... ahí es
donde reside el gran
designio de un espíritu
guerrero.

•

El ser humano es luz y
también es oscuridad.
Habría que aceptar esta
dualidad y vivir en el

medio de la balanza,
aun sabiendo que por
momentos se incline
más hacia un lado que
a otro con el propósito
de encontrar un
equilibrio.

•

Contempló todo el
amor que me rodea,
toda la belleza y
suspiro para que no se
marchite nunca. Pero
es pasajera y se va…
Porque el amor se
planta cada día y se
riega. Porque la belleza
es siempre nueva, si la
miras con ojos nuevos.

•

La libertad está en el
disfrutar del camino, a
veces llano y soleado,
otras oscuro y
escarpado.

•

La dignidad es la
sonrisa sincera del que
es derrotado y está
vivo, se levantará y
seguirá como si nada
volviendo a empezar de

nuevo con una sonrisa
inquebrantable y el
corazón intacto.

•

Hay que derrotar todo
pensamiento de
enfrentamiento, todo
pensamiento de
lucha... y para eso hay
que entrenar horas y
horas como si la
muerte nos pisara los
talones.

•

Hay que aceptar donde
uno está para poder
pisar fuerte y saltar.
Comprender que
estamos donde
estamos porque
tenemos algo que
aprender, la única
manera de hacerlo es
escuchar. No podemos
huir, ni escondernos,
hemos de dar el 100%
abrazar la situación.
Nunca olvides lo que el
universo tiene para
nosotros, le servimos
incondicionalmente, no
podemos darle la
espalda, hemos de

aceptar cualquier
desafío por muy difícil
que este parezca.

•

Nuestro corazón ha de
ser el mismo desde el
principio hasta el final,
no debe marchitarse
nunca. No importa
perder o ganar,
importa salir enteros,
más sabios después de
cada batalla. Nuestra
mirada ha de recuperar
su brillo original. Nunca
olvidemos de donde
partimos, nuestros
primeros cortes...
Nuestros primeros
pasos... Nos llevaron
donde estamos hoy.

•

Sin sacrificio ni
adoración no hay
libertad. Sacrificio por
todo lo que amamos y
adoración para
agradecer cada
segundo de esta
existencia. Un espíritu
guerrero es un
instrumento de paz que
deja marcada sobre la

tierra la huella de lo
divino.

•

A veces el espíritu
guerrero tropieza y cae
al fondo de sus
debilidades, pero
conoce el poder de la
mente. Utiliza esta
misma para salir de
cualquier fondo
pantanoso y vencer una
vez más al ogro del
deseo.

•

En el momento que
paras y escuchas tu
respiración ahí
comienza esa maravilla
a la que llamamos
observación. Una vez la
observación madura
con la práctica y
relajación, por fin llega
la divina
contemplación, donde
la acción e inacción son
una sola.

•

La voz del espíritu es la
sabiduría del guerrero,
escucharla o no

escucharla es una cuestión de vida o muerte. Para sobrevivir en el mundo de las interpretaciones es imprescindible una combinación de exactitud entre la adquisición de un conocimiento y su puesta en práctica. El verdadero conocimiento de un espíritu guerrero es transmitido de corazón a corazón.

•

Un espíritu guerrero todos los días en su práctica se supera a sí mismo para que su mente no se acomode, sabe que si la mente se acomoda pierde todo su poder y el miedo enseguida la oscurece.

•

La inacción no existe, vivimos en un movimiento constante e imparable... no se trata de aquietar la mente, se trata de

dejar pasar todo lo que
viene y luego se va.
Este concepto es
natural, ya que todo lo
que existe en el
universo está en
continuo movimiento y
además es pasajero.

•

Aunque en este
momento exista la paz
en cada rincón del
corazón, un espíritu
guerrero jamás baja la
guardia... jamás.
Porque el universo es
constantemente
arquitecto y la
naturaleza es su mayor
obra de arte. Somos
parte de esa
naturaleza, parte de
esa obra de arte. Una
verdadera obra de arte
nunca está terminada.
Aunque en este
momento todo parezca
perfecto, no olvidemos
que la perfección no
existe. Debemos seguir
practicando la paz
constantemente, sin
bajar la guardia.

•

De todas las fortalezas
del ser humano,
ninguna es real, porque
ser fuerte es ser débil.
Por eso el espíritu
guerrero sabe que su
mayor fortaleza está
sostenida por su gran
debilidad, al igual que
su gran debilidad está
sostenida por su gran
fortaleza. No es ni débil
ni fuerte: en momentos
es débil, en momentos
es fuerte, la debilidad
lo fortalece, y la fuerza
también lo debilita.
Nunca se le ocurriría
dar la espalda a
ninguna de las dos.

•

Las garras de un tigre
penetran más
profundamente cuando
están relajadas y
arañan la superficie
ligeramente cuando
están tensas. La
conciencia tranquila
vive profundamente
cada experiencia
clavando sus garras
sobre el tejido de la
mente y marcando al
ego, haciéndolo casi
desaparecer como una

sombra. Iluminando la realidad del momento presente. En cambio la conciencia inquieta. No lo conoce, solo consigue interpretar aquello que con la prisa araña. Pero se le escapa.

•

Un espíritu guerrero es un instrumento de paz, un vacío inmenso, un lago donde los miedos del adversario se ven reflejados en sus cristalinas aguas. Un océano donde reposar las lágrimas de un sentimiento no resuelto, una derrota, una pérdida, una decepción que antaño fue real y hoy... solo es una ilusión.

•

La vida y la muerte se ven reflejadas sobre la misma hoja que corta el viento sin estimación. Fría antes del corte y caliente después. Une el corazón y la mente de un espíritu guerrero.

Purifica. Establece un vínculo con el misterio. Elimina las sombras con su anónimo y sutil brillo y sin dejar huella corta todo aquello que impida la comprensión de la íntima esencia. El espíritu guerrero corta el viento para recordar realmente quien es. Nace cuando la hoja está fría y muere cuando la hoja está caliente.

●

Un espíritu guerrero no olvida sus orígenes. Agradecido camina sobre la línea marcada de este mismo instante sin vacilar, sin mirar atrás. En silencio camina, respirando este mismo aire que lo mantiene vivo. Tranquilo respira, observando el infinito convirtiéndose en vacío.

●

Cada encuentro es un desafío, cada momento un abismo. Cada situación es impredecible, vivir es

un riesgo que asumirá
el espíritu guerrero. No
hay salida. Se enfrenta
a sus miedos o morirá
vestido del deshonor y
la vergüenza. Caer no
es vergonzoso, en
cambio no levantarse sí
lo es. La valentía y la
cobardía son dos caras
de la misma espada, no
cortan. Por eso el
espíritu guerrero usa
solo el filo de la
espada... La
honestidad.

•

Con calma se ven
desvanecerse los
últimos rayos del sol y
mientras tanto los
acontecimientos se
describen de la manera
más sencilla posible. Un
espíritu guerrero pasó
por ahí igual que los
días pasan alejándonos
de la juventud.
Juventud que para el
espíritu guerrero, solo
es una percepción
limitada de la realidad
que alberga en su
interior. El ser humano
piensa que el tiempo se
acaba y vive por el

tiempo. En cambio un espíritu guerrero sabe que es eterno... por eso vive con el tiempo. Así los dos van a la par.

•

Guardián de lo más sagrado del corazón. Permanece con atención sin conocerse, sin conclusiones, sin razón: Permanece impersonal ajeno a lo aparente, enfocado más allá de las propias sombras. Distante de las propias pasiones. Indiferentes al dolor o al placer. Más allá de las formas se fija en la energía que las sostiene. Sereno y tranquilo contempla la maravillosa existencia que lo rodea.

•

Cuándo quieres acertar en el blanco de una diana, no te centras en acertar en el centro. No hay un centro externo cuando apuntas. No apuntas al blanco de la diana, eso no te debe importar,apuntas a tu

centro interno, al
centro de tu ser y
desde ahí, desde esa
confianza, desde la
certeza de saber quién
eres, sueltas la flecha.
El pasado y el futuro
permiten que la flecha
llegue al momento
presente. Una vez más
el equilibrio te permite
llegar a tu destino.

•

El camino de la espada
solo se puede recorrer
con un corazón limpio.
Un espíritu guerrero es
quien forja su destino
perfeccionando el corte
al mismo tiempo que se
perfecciona a sí mismo.

•

Ama y agradece la vida,
siente con el corazón a
todas las criaturas de
este universo. Se un
espejo y refleja en ti
toda la belleza que te
rodea. Se único y uno
con todo.

•

Movimiento y
respiración, cuerpo y
mente son uno.
Aceptación y cambio,
noche y día son uno.
Vida y muerte son uno.

Un espíritu guerrero
navega siempre en el
mar de la dualidad.
Cuando la ola sube, él
sube; cuando la ola
baja, él baja y así jamás
se hunde.

•

En la profundidad del
bosque, en lo alto de
una gran montaña, en
la soledad del desierto,
en la noche mas
iluminada por la luna,
en la orilla de un río o
del mar el espíritu
guerrero se manifiesta
para ser contemplado.

•

En algún momento te
perdiste, en algún
momento te rendiste,
en algún momento
caíste y no quisiste
levantarte enseguida,
en algún momento las
lágrimas eran tu única
forma de expresión, en
algún momento te
olvidaste... Los colores
desaparecieron, la
alegría pasó a ser un
vago recuerdo y, en
este momento, no te
reconoces. Solo un
espíritu guerrero sabe

que también este
momento pasará.

•

En el vacío interno de
un espíritu guerrero
suena una música que
lo guía hacia su propia
luz, es así porque todo
lo que existe tiene un
brillo único. La
tormenta lleva consigo
la primavera, la
primavera trae las
flores y con ellas los
colores de los que se
viste el mundo entero.

•

El verdadero
entrenamiento
empieza y termina en
las relaciones humanas.
El gran combate se
presencia en el
corazón, la paz es el
camino que tantas
veces se pierde. El
amor es el verdadero
propósito de un
espíritu guerrero.

•

Ha sido necesario
perderse llegar hasta

aquí. Fue necesario caer para saber lo que es levantarse. Fueron necesarias las lágrimas que por la oscuridad de la noche nadie consolaba, para poder valorar la soledad y el silencio que hay en ella. Hoy un espíritu guerrero nace dispuesto a compartir su vida con las personas que ama.

•

Tomar una decisión acorde con el corazón y mantenerla aunque la cabeza te pierda, ese es el grado más alto de un espíritu guerrero.

•

En todo cambio hay una gran ilusión seguido de una gran decepción,hasta el más pequeño placer lo sigue un vacío, una insatisfacción, un dolor. Todo camino oscuro lleva a una senda iluminada. El espíritu guerrero vive con el

cambio, no se apega a
nada.

•

Cada movimiento del
espíritu guerrero es
parte del fluir de la
propia naturaleza. No
se opone, no interfiere
en el orden natural de
las cosas.

•

Cuando el miedo te
paraliza el corazón y te
asesina lentamente,
mientras ves los días
pasar como frías
fotocopias, cuando
esperas que algo
cambie, cuando huyes
del momento presente
para vivir distraído en
una realidad paralela
que aleja tus sentidos
de lo que te está
sucediendo el espíritu
guerrero viene para
liberarte de ti mismo.
Viene a recordarte que
fluir es nacer y morir,
morir y nacer en cada
movimiento. Lo eterno
vive en ti.

•

En el momento en el
que pasado y futuro
dejan de existir, nace el
espíritu guerrero.

•

Los pensamientos y las
emociones llaman la
atención, buscando una
salida,alterando la
mente, creando un
conflicto, buscando un
por qué, un sentido a
su existencia. Un
espíritu guerrero se
sienta, cierra los ojos y
respira contemplando
su mundo interior,sabe
que sus circunstancias
son creadas por sus
pensamientos. Cómo
está presente dentro,
está presente fuera. Así
nadie ocupa su lugar.

•

Como el agua más pura
de un río baja de la
montaña pasando por
innumerables
obstáculos hasta llegar
hasta al mar, así
también fluye un
espíritu guerrero
pasando por
innumerables
experiencias hasta
llegar a sí mismo e
comprender el vacío
del que proviene.

•

Usar la razón, la teoría,
usar el sentido común

no sirven para sanar el
corazón y limpiar la
mente que lo ha
oscurecido. En esos
momentos un espíritu
guerrero no actúa,
permite que todo pase.
Siente el agua helada
de la montaña bañar
todo su cuerpo hasta
un punto inimaginable,
después grita al viento
como si acabara de
nacer... y sigue su
camino.

•

Con el mismo amor,
salvaje y feroz ataca un
espíritu guerrero y con
el mismo amor, suave y
tierno te acoge en sus
abrazos. Manifiesta el
equilibrio.

•

Es fácil encauzar la
energía vital del
universo, misterioso es
comprenderla. Es igual
de misterioso que
comprender la
naturaleza y verse
reflejado cada instante
en ella.

•

Si comprendes que la
energía vital fluye en
todos los seres del

planeta, que eres esa
energía vital que creó
el universo, que estás
unido a cada ser de
este mundo por hilos
invisibles, dejarás de
querer controlar esa
energía vital y
permitirás que ella te
lleve a tu destino.

•

Perderse por otros
caminos es muy fácil,
cuando no sabes quien
eres. El camino del
espíritu guerrero solo
te muestra tu
verdadera naturaleza.

•

No entiendo porque
estas aquí, pero tu
presencia es más que
suficiente. Todo
encuentro es sagrado,
un espíritu guerrero no
ve las diferencias, ve lo
que nos une.

•

Hoy las cosas no han
salido como esperaba,
la decepción es el
menú del día. De ahí
que el espíritu guerrero
siempre pide lo mismo,
aceptación.

•

La paz es el camino más
transitado y el más
misterioso. Rodeado de
tantos conflictos un
espíritu guerrero sabe
que las olas son parte
del océano.

•

Hay siempre un motivo
en lo profundo de
nosotros que nos
mueve hacia una
dirección concreta, que
nos incita a seguir ese
camino y no otro. Ese
motivo es como el
viento, no se ve hacia
donde va ni de dónde
viene... pero cuando
pasa por ti lo sientes y
dependiendo de la
fuerza con la que se
mueva puede incluso
hasta arrastrarte. Si
conoces el motivo que
te mueve,reconoces el
camino que siempre
has seguido. Esa es la
confianza de un
espíritu guerrero.

•

Vive todo lo que no
entiendas, vive más allá
de los muros de tu
mente, las creencias
son el pasado, si

reconoces una creencia vívela para que desaparezca. Vívela, llevala a la práctica y permite por primera vez conocer el terreno por el que creías haber pasado. Un espíritu guerrero jamás se conoce, porque cada experiencia lo transforma. Deja que el pasado muera y que el futuro lo sorprenda a cada instante.

•

La llama del espíritu guerrero se mantiene encendida, siempre que el amor por tus semejantes sea honesto y real, siempre que las diferencias no sean un motivo de separación. Un espíritu guerrero no olvida sus raíces. Pues gracias a ellas hoy puede seguir su camino.

•

La distancia no es física, es interna, es la calidad del presente con el que vives. Es el grado más alto de realización. Un espíritu guerrero

cumple su propósito a
través de la no-acción.
No intenta, no espera,
no desea... tu destino
es ser, qué mas da
donde estés.

•

Gran guerrero y
amante de lo
desconocido se
adentra en las
profundidades del
espíritu.

•

Un espíritu guerrero
acaba de nacer pero
solo es el principio de
esta historia.

•

DOJO
AIKIDOSHIN